LA CONVERSION

C'EST

L'IMPOT.

LA CONVERSION

C'EST

L'IMPOT.

A MM. LES MEMBRES DE LA CHAMBRE

PAR

UN ANCIEN DÉPUTÉ.

PARIS

H. DELLOYE, LIBRAIRE-ÉDITEUR,

RUE DES FILLES-SAINT-THOMAS, N° 13.

1838

SUR LA

CONVERSION DES RENTES.

LETTRE

A MESSIEURS LES MEMBRES

DE

LA CHAMBRE DES DÉPUTÉS.

MESSIEURS,

Si j'avais encore l'honneur de siéger sur les bancs de la chambre, j'aurais, malgré des habitudes constantes de silence, pris la parole au sujet de la *conversion des rentes* pour développer une opinion que je crois vraie et capable de simplifier beaucoup la question. Cette opinion étant l'expression pure des faits, est si naturelle que je ne doutais pas qu'elle ne fût néttement formulée et développée dans la discussion générale par quelqu'un d'entre vous, et qu'elle ne levât toute difficulté en ralliant chacun à elle. Ce que j'attendais n'ayant point eu lieu, je crois devoir vous livrer par la voie de l'impression des pensées que je ne puis faire entendre à la tribune.

Les savants, Messieurs, professent un principe fécond en heureux résultats et dont il serait bon que les assemblées délibérantes eussent la complaisance de se pénétrer, c'est que *les questions bien posées sont généralement très près d'être bien résolues.*

Si ce principe est vrai, le spectacle présenté par la Chambre autorise à penser que la question de la conversion y a été quelque peu mal posée. Le moyen, en effet d'expliquer autrement, d'une façon suffisamment parlementaire, qu'une assemblée aussi élevée, aussi éclairée, réalise une anarchie d'opinions, de systèmes, de vues, pareille à celle qui vient de s'y produire sur une question d'ailleurs assez dégagée d'alliage politique? Le moyen, je vous le demande, d'expliquer ces incroyables divergences, ce trouble étrange de tant d'esprits éminents, s'il n'y avait du malentendu à l'origine même de la discussion, si quelque chose de flottant, de louche et de fallacieux n'avait été laissé dans ses termes et n'en déguisait aux yeux les vrais éléments? — Car c'est un spectacle assez curieux que vous offrez en demeurant si longtemps embarrassés dans des calculs qui ne sont, à tout prendre, que de l'arithmétique toute simple; et quand, encore, vous possédez de si savants mathématiciens à la Chambre! C'est assez curieux aussi que vous vous laissiez prouver si bénévolement des paradoxes un peu forts, comme celui-ci entre nombre d'autres : que l'Etat retenant à ses créanciers de beaux millions, et, leur rendant un capital fictif, leur remet d'une main l'équivalent de ce qu'il leur prend de l'autre? Et ces chiffres! ces malheureux chiffres qui vous donnent un résultat quand tel orateur occupe la tribune, et qui, immédiatement et sans qu'on leur laisse seulement le temps de respirer, se voient contraints par l'orateur suivant de vous donner un résultat tout contraire! Ces phénomènes poseraient, il faut en convenir, d'assez durs dilemmes de mystification entre l'arithmétique et la Chambre...

Il y a donc quelque principe qui a échappé, quelque chose qui n'est pas bien clair dans les bases mêmes de la question, et qui vous fait perdre ainsi votre temps et votre arithmétique. Cette cause cachée du vague de la discussion est l'élément qu'il faut de toute nécessité saisir.

§ I. — Examen des termes de la question.

D'abord, la difficulté n'est pas à savoir si, *en formule générale*, vous voulez ou non la conversion : où la difficulté commence, réellement, c'est quand vous entrez dans les *voies et moyens*.

Ainsi, l'accord de la majorité prouve un assentiment commun sur la convenance d'une économie à réaliser ; tandis que le désordre des opinions et des systèmes qui se manifeste sur les *voies et moyens* de la mesure prouve que l'on est entré témérairement dans le cœur de la question avant d'avoir bien su *ce que l'on voulait en voulant la mesure*, et avant d'avoir étudié et distinctement *analysé les éléments de la question*.

Cette étude mérite quelque attention, car quand elle sera faite vous verrez la solution du problème qui vous tourmente se réduire à un jeu d'enfant.

Il y a dans le problème quatre éléments principaux ; les voici :

1° *L'Etat*, quand ce mot signifie le *Souverain* qui fait la loi et le droit, de sa volonté souveraine manifestée, dans la constitution politique actuelle, par le *consensus* de trois pouvoirs ;

2° *L'Etat*, lorsque ce même mot signifie l'industrie qui exerce l'administration de la nation, qui protége les personnes et les propriétés, garantit le territoire, lève l'impôt, reçoit l'emprunt, en paye la rente... c'est le gouvernement proprement dit, qui dans sa sphère particulière d'activité est sujet du souverain dont il fait partie ;

3° Les créanciers de l'Etat considérés comme bailleurs de fonds de l'industrie du gouvernement ;

4° Les créanciers de l'Etat considérés comme sujets du souverain (des trois pouvoirs).

Cette analyse très simple, si elle eût été faite à la tribune ou présente à l'esprit de la Chambre, vous eût épargné des erreurs assez singulières pour mériter d'être signalées.

Nombre de vos orateurs, en effet, ont exhumé, compulsé et commenté des textes de loi, et en somme vous avez disputé beaucoup pour savoir si la conversion, la réduction, le remboursement, etc., étaient pour vous des mesures légales, licites en droit, à vous permises par le Code civil. Mais, Messieurs, c'est là un étonnant oubli ! — Il est parmi vous d'honorables avocats qui ont l'habitude de traiter devant les tribunaux des questions dont les solutions ont pour arbitre le droit écrit; ils ont raison de tout appuyer devant les tribunaux sur ce droit écrit qui est souverain pour les tribunaux. Qu'ils invoquent, en pareilles circonstances, le droit écrit et la légalité, c'est parfait sans doute... Mais qu'à la Chambre, mais que sur une question dont les Trois Pouvoirs sont saisis, sur laquelle l'Etat en tant que *souverain* s'occupe de statuer, on présente un fait de droit écrit comme barrière infranchissable à la décision du souverain absolu, du droit vivant, du droit qui fait et défait le droit écrit ; que la Chambre accepte cette position de la question ; qu'elle écoute les réfutations de ces sortes d'arguments tirés d'un texte de loi, par d'autres arguments tirés d'un autre texte, d'un article du Code civil, absolument comme on ferait dans un procès entre particuliers devant un tribunal ordinaire ; ceci, je le répète, est un oubli qui doit surprendre et qui finirait par devenir un peu récréatif !

Ceux qui donnent en plein dans cette inadvertance, que l'honorable président de la Chambre devrait relever, sont semblables (passez-moi ce qui dans la comparaison diffère en faveur de ce qui ressemble), sont semblables à ces serviteurs enrichis et devenus maîtres, qui oublient si bien leur nouveau caractère, qu'ils se lèvent et répondent au coup de sonnette.

Que vous invoquiez à la tribune de la Chambre la légalité quand vous discutez les actes du gouvernement, tel acte même de l'un quelconque des trois pouvoirs agissant dans sa sphère d'activité spéciale et isolée, où il est sujet à la loi, à la bonne heure ! mais que vous invoquiez la légalité quand vous agissez dans la sphère souveraine et commune aux trois pouvoirs, où se fait la légalité, ceci devient hors de saison. Ayez bien présent à l'esprit, Messieurs, que quand vous discutez la loi, que quand vous faites le droit, que quand vous agissez

en tant que pouvoir suprême, vous êtes souverains, très souverains, souverains de la loi et du
droit; ayez cela présent à l'esprit, Messieurs; ne
l'oubliez pas, et rappelez-le à ceux d'entre vous qui
n'y penseraient plus.

Ainsi, Messieurs, il me semble que vous pouviez discuter sur l'équité, sur l'opportunité, sur la
convenance de la mesure en question, faire valoir
les considérations des engagements antérieurs pour
éclairer votre conscience et influencer dans telle
ou telle direction votre volonté actuelle; mais que
les discussions auxquelles vous vous êtes vous-
mêmes livrés pour savoir si le Code civil vous *au-
torisait*, vous *donnait le droit* de voter le remboursement, étaient bien faites pour prêter à rire. Les
lois écrites constituent le droit, la règle, l'autorité
suprême et absolue pour les citoyens, précisément
parce qu'elles sont l'xepression de la volonté du
souverain; volonté qui est, ou au moins doit être
et toujours est censée être la volonté intelligente
et légitime de l'État dans la plus large acception du
mot, c'est-à-dire de la société actuelle et vivante.
Mais les lois écrites ne sauraient en aucune façon
lier d'une manière absolue la volonté actuelle du
souverain; elles ne peuvent être pour lui que la
constatation des faits passés, des actes de sa volonté passée; et il reste toujours souverain appré-
ciateur de la valeur que ces faits passés peuvent
avoir dans le présent. En mettant en discussion le

point de *droit*, vous avez donc mis en discussion votre souveraineté , vous avez mis en discussion la nature même de la souveraineté, de cette souveraineté en vertu de laquelle vous faites chaque jour le droit et la loi ; et vous avez donné là un assez mauvais exemple , car en dehors de vous, à votre imitation, on a mis aussi votre souveraineté en discussion , ce qui est souverainement *révolutionnaire*, comme nous le montrerons un peu plus tard.

Que de temps, que de paroles, que d'obscurités, que de théories puériles, absurdes, et au fond subversives, soit dans la Chambre, soit en dehors d'elle, eût épargné et épargnerait dans cette circonstance et dans mille autres l'établissement d'une définition nette qui répond à ce que, à la vérité, chacun sait, mais sait trop vaguement, et qui n'est même, au point de vue le plus pratique, le plus actuel, le plus vulgaire, que l'expression de notre constitution politique prise telle qu'elle est aujourd'hui.

Je vais, Messieurs, donner ici quelques développements au principe que je viens de signaler; ces développements constituent l'examen du premier des quatre termes du problème énoncés ci-dessus (page 4), du terme qui est le plus important de tous, qui apparaît non-seulement dans cette question mais encore dans toutes les questions de législature et les domine, et qui, après tout, doit bien avoir quelque intérêt pour vous ; car il ne saurait vous être indifférent de savoir au juste ce que vous êtes. Si mes faibles efforts peuvent vous aider à acquérir cette connaissance, qui semble n'avoir pas encore atteint en vous un degré parfait de lucidité, j'aurai lieu de m'estimer heureux de ma peine. Au reste, pour attirer la faveur de quelques minutes de votre attention sur ma métaphysique, je dirai qu'elle me paraît conduire directement à la meilleure solution *pratique* de la *réduction* qui vous occupe.

§ II. — 1er terme : Le souverain absolu, ou l'accord des trois pouvoirs.

Dans notre Constitution politique actuelle, vous le savez, Messieurs, le roi n'est pas souverain, non plus que la Chambre des députés, ni la Chambre des pairs. Mais la *volonté* résultant de *l'accord* de ces trois pouvoirs est le *Pouvoir suprême*, le Souverain vivant, absolu, contre lequel toutes les lois écrites, à commencer par la Charte, ne pèsent pas une once ; puisque ces lois, puisque la Charte au moment où elles cessent d'être vivifiées par la volonté du Souverain vivant, demeurent de simples feuilles de papier recouvertes de textes purement historiques. Et en vérité, quelle autorité dans notre Constitution empêcherait les trois pouvoirs réunis de modifier, de transformer, de changer entièrement la Charte et la Constitution, si les trois pouvoirs le trouvaient sage, convenable aux circonstances, aux besoins, aux intérêts de la nation, en résumé s'ils le voulaient. Ce n'est qu'en eux-mêmes et en leur volonté commune, autant que représentant la volonté intelligente de la société, que réside la force qui sanctionne la constitution, la vie qui fait vivre la loi.

Veuillez remarquer d'abord qu'en disant ceci qui peut paraître hardi à quelques-uns, je ne fais pas autre chose que de formuler nettement et clairement, en le généralisant, ce que chacun sait dans le particulier par l'exemple de tous les jours, que lorsque les trois pouvoirs sont d'accord pour rapporter et transformer une loi civile, politique ou financière quelconque, en fait ils le font et leur décision passe en droit.

Veuillez remarquer encore que ce principe, qui n'est autre chose que la traduction du fait, la définition de la souveraineté et de sa nature essentielle, l'expression de ce qui est, quand bien même le Souverain n'en aurait pas encore acquis la conscience, et quand bien même il ne voudrait pas que cela fût; remarquez, dis-je, que ce principe, qui heureusement ne peut pas ne pas être, est le principe essentiellement organique et progressif de la vie politique, et que la négation de la doctrine qui le consacre ne serait pas autre chose que la consécration formelle et absolue du principe révolutionnaire et de sa nécessité dans la société. En effet,

si la loi qui a été faite dans telle circonstance et ap-
propriée à ces circonstances, si la constitution politique qui a eu pour objet de répondre à tel état
donné de la société, ne pouvaient ni l'une ni l'autre
être modifiées, changées, remplacées régulièrement par la volonté du souverain; si le souverain,
qui doit toujours être l'expression actuelle de la
volonté intelligente de la société dont il est la tête,
et agir conformément à ses besoins, était empêché
de satisfaire à ces besoins par une loi portée à une
époque antérieure, par une forme adaptée à un état
social passé; si les morts étaient les Souverains du
Souverain vivant : il est certain que le développement de la vie sociale provoquerait légitimement
à chaque instant de la part des vivants, sujets du
souverain, des explosions révolutionnaires, nécessaires pour renverser la constitution inflexible des
morts et le souverain soumis à cette constitution
inflexible, et remplacer l'un et l'autre par un nouveau souverain et une nouvelle constitution en
rapport avec les exigences de la vie sociale présente;
et cette nouvelle constitution inflexible devrait bientôt être révolutionnairement renversée par une
autre, dévouée à son tour à un renversement brusque par suite des développements ultérieurs de la
vie sociale; et ainsi jusqu'à la consommation des
siècles.

De telle sorte que cette admirable loi organique
du développement progressif et des transforma-
tions régulières, qui caractérise la nature de tous les

êtres régulièrement constitués ; cette loi qui est le principe et la condition essentielle de toute harmonie ; cette loi dont l'application parfaite à la société sera le signe même de la constitution normale de la société, et qui n'a reçu jusqu'ici dans les sociétés humaines de si fréquentes attaques, par les révolutions continuelles des empires, que par cela précisément que ces sociétés étaient encore fort mal constituées ; cette loi conservatrice et progressive à la fois ; cette loi d'ordre et de vie, dont la condition essentielle est la souveraineté absolue et présente du Souverain présent ; cette loi devrait être remplacée par la souveraineté des morts et le génie révolutionnaire ! Le génie de la destruction et de la guerre intérieure, qui bouleverse les sociétés, les expose toujours et souvent les tue, devrait être considéré comme le génie du progrès social et de la vie... ! La société ne pourrait accomplir de progrès politiques que brusquement, à intervalles commencés et terminés par des crises terribles ! et la condition de chaque progrès serait que chaque fois la société se coupât la tête ! Cela revient à dire que l'anormal doit être le normal ; l'irrégulier le régulier ; le révolutionnaire l'organique ; cela est absurde et profondément ignorant.

Ces considérations, Messieurs, doivent vous rassurer sur la doctrine de l'absolu de votre souveraineté, et vous montrer que vous n'avez pas à la craindre, puisqu'elle est la doctrine même de l'ordre, de la vie ; que la repousser c'est proclamer la nécessité du désordre dans la société, et que ne pas accepter cette souveraineté absolue comme caractère de votre souveraineté régulière, ce serait en faire bénévolement cadeau au principe irrégulier ou révolutionnaire.

Vous n'avez donc aucune raison de vous gendarmer contre cet absolu de votre souveraineté; d'ailleurs vous auriez beau vouloir que cela ne fût pas, cela n'empêcherait pas que cela fût, cela n'en serait pas moins. Le Souverain ne pouvant pas ne pas être Souverain, il peut tout, excepté de borner son pouvoir; il est libre de tout, excepté d'aliéner une portion quelconque de sa liberté. Qu'il s'engage aujourd'hui, de toute sa volonté souveraine d'aujourd'hui, à quelque chose pour demain, il ne pourra pas faire qu'il soit engagé demain; car si demain il lui paraît bon, convenable, équitable, nécessaire, d'agir autrement qu'il avait voulu s'engager à agir, non-seulement il sera absolument *libre* d'agir autrement, mais encore il *devra* agir autrement. La loi est essentiellement dans sa volonté, dans sa volonté présente, et ne saurait être ailleurs. Il est bon que sa volonté soit éclairée, intelligente, juste, qu'elle procède de la véritable et lucide connaissance des intérêts présents et à venir de la société, du désir consciencieux d'agir conformément à l'équité et à ces intérêts; c'est un grand malheur quand elle est ignorante, inique, étroite ou égoïste. Mais dans tous les cas il n'est pas de sa nature de n'être pas absolu, de pouvoir être engagé ; cette faculté lui manque.

Ainsi le souverain, sans que sa volonté elle-même y puisse rien changer, est souverain absolu du présent ; il ne peut pas plus se courber sous la loi du passé, que dicter la loi à l'avenir ; mais seulement il doit, pour être bon souverain, tenir compte du passé et le peser dans sa sagesse, et dans sa sagesse encore penser à l'avenir et le préparer. Le droit qui émane de lui est la règle fixe pour les citoyens, la loi qu'il fait les domine et commande inflexiblement à leurs actes ; elle est absolue pour eux parce qu'elle est l'expression de la volonté absolue du souverain ; mais lui souverain, il est au-dessus du droit qu'il fait, au-dessus de la loi qui est son verbe et qui doit lui obéir comme la parole obéit à la pensée et à la volonté.

Ainsi, pour le sujet, la règle c'est la loi qui exprime la volonté présente du souverain. Quant au souverain, il ne saurait prendre dans la loi sa règle ; il ne peut la prendre qu'en lui-même, dans sa science et sa conscience, et dans l'examen du rapport réel et présent des choses présentes entre elles avec les choses passées et avec les choses à venir ; sa règle à lui est dans le sentiment moral de la *convenance des choses*.

Il est donc bien évident que le souverain n'a pas la faculté de s'engager, qu'il est impropre à contracter lui-même, que tout contrat par lequel il s'engagerait serait une pure fiction et ne saurait avoir de valeur dans l'avenir que sous la réserve de sa volonté à venir, indépendante de la volonté de l'autre partie ; ce qui n'est certes point le caractère d'un contrat.

Si le souverain ne peut s'engager ni contracter, la loi qu'il fait donne à tout ce qui est au-dessous de lui la faculté de contracter des engagements valables tant qu'il maintient la loi sanction de ces engagements. Les contrats sont des appels perpétuels des parties contractantes à la volonté du souverain exprimée par la loi ; et c'est parce que cette loi, qui est au-dessus d'eux, est la règle commmne imposée à tous, que les particuliers peuvent contracter sous cette loi qui les lie.

Tout ce que nous venons de dire a développé la simple définition de l'Etat considéré en tant que Souverain ; et en résumé nous nous sommes efforcé de prouver une chose facile à admettre, à savoir *que le Souverain est toujours Souverain.*

Examinons maintenant les autres éléments de nos lois de finances.

§ III. — 2ᵉ élément : L'État-gouvernement, ou l'industrie administrative, défensive etc., de la nation.

L'État considéré comme pouvoir exécutif, exerçant l'industrie politique de la nation, est dans sa sphère d'activité spéciale, dans l'exercice de l'industrie politique de la nation, soumis au Souverain. Il peut donc contracter, s'engager, emprunter aux

conditions que la loi lui fait. La loi dictée par le
Souverain, tant que le Souverain juge à propos
qu'elle subsiste, oblige le grand industriel gouvernement, comme elle oblige une société industrielle
ou un particulier quelconque.

§ IV. — 3ᵉ élément : Les créanciers sont créanciers du gouvernement et non du législateur souverain.

Les créanciers de l'Etat, considérés comme bailleurs de fonds du gouvernement, sont à son égard
dans des rapports réglés par la loi; rapport que ni
eux, ni le gouvernement ne sont libres de changer : au-dessus des deux parties il y a une règle arbitre de leur volonté, et qui est la garantie du rentier envers son débiteur. La loi oblige absolument
l'Etat-gouvernement vis-à-vis le rentier à telles conditions *déterminées*, comme elle oblige deux parties contractantes dans les cas ordinaires à telles
conditions aussi *déterminées*.

Si par exemple la loi du souverain déclare non
remboursables, non imposables, non réductibles,
les rentes que l'Etat-gouvernement doit annuellement à ses créanciers, il est très évident que l'Etat-
gouvernement, quand bien même il serait aussi libre dans son administration qu'un industriel ordinaire, n'aurait pas le moindre droit à imposer, réduire ou convertir ces rentes.

§ V. — Les créanciers sont sujets du législateur.

Les créanciers de l'Etat-gouvernement, pour

avoir contre lui des garanties dans la loi faite par le souverain, ne sauraient néanmoins en aucune façon trouver dans la loi des garanties contre l'Etat-souverain, contre la volonté suprême de la société manifestée par l'accord des trois pouvoirs; ils ne sauraient cesser d'être sujets du législateur, comme en est sujet le gouvernement lui-même. Cela est certes de la plus prochaine évidence, et résulte de tout ce que nous avons établi précédemment.

Maintenant que les quatre éléments du problème sont analysés, nous pouvons être certains que nous allons bientôt voir clair.

§ VI. — Histoire de la confusion des idées du Souverain.

Et d'abord, Messieurs, ayez la complaisance d'admettre que le public, et que vous-mêmes, vous n'avez dans plusieurs occasions qu'assez peu distinctement aperçu les éléments que nous venons d'étudier; veuillez reconnaître que vos discussions actuelles font encore foi de l'enchevêtrement et de la confusion, dans vos esprits, de deux choses pourtant fort différentes : l'Etat, souverain, qui est au-dessus de la loi, et l'Etat, industrie politique, qui est au-dessous. Le mot qui est le même, dans la langue ordinaire, pour les deux sujets, ainsi que les rapports fréquents de ces deux sujets l'un avec l'autre, ont engendré et entretenu l'illusion dans vos esprits. Mais ce n'est pas la première illusion qui ait trompé des corps fort éclairés d'ailleurs; et en politique on a vu des phénomènes encore plus étonnants.

De cette illusion, de cette confusion, résultent votre embarras et votre peine à trouver des formes propres à réaliser une volonté de la nature de laquelle vous ne vous êtes pas assez rendu compte. Voyez en effet comment les choses se sont passées, ce qu'a cru le souverain, ce qu'il croit encore.

Dans des circonstances difficiles, le gouvernement ayant besoin d'argent pour faire les affaires de la nation, le crédit de l'Etat étant encore mal établi, le souverain dupe sans doute de l'illusion que nous avons signalée, profitant aussi de la confusion régnant dans les esprits sur le mot Etat, s'avise d'agir comme s'il pouvait contracter et s'engager soi-même: s'adressant aux particuliers dont il désire attirer les fonds dans un emprunt volontaire fort nécessaire au gouvernement, et s'assimilant au gouvernement, il leur dit: « prêtez-*nous* des fonds ; vous nous donnerez 5o, 6o fr., nous en reconnaîtrons 100 en vous servant 5 fr. de rente ; nous ferons des *priviléges* à votre propriété ; nous la déclarerons (supposons, pour ne pas discuter, que la déclaration ait été positivement faite), nous la déclarerons irréductible, inconversible, non remboursable dans les temps de prospérité autrement qu'au prix du cours, c'est-à-dire par l'amortissement que nous constituons à côté de la dette pour vous rassurer; en un mot nous vous faisons le *privilége des privi-léges*, le privilége par excellence, nous mettons votre propriété A L'ABRI DE L'IMPÔT, nous la déclarons *à jamais inimposable, nous la soustrayons à la vo-lonté future du souverain*. Et la garantie de toutes ces promesses nous allons vous la donner par un contrat, par la loi, par la loi qui engage et oblige tout le monde, qui est la garantie de toutes les ga-ranties... »

Eh bien, Messieurs! que vous en semble mainte-nant? que dites-vous de ce raisonnement du sou-verain? ne voyez-vous pas clairement la grande er-reur, l'illusion, la puérilité même qui repose sous ces paroles? ne voyez vous pas comment le souve-rain, qui est par nature au-dessus de la loi, croit pouvoir ici, comme un simple particulier, passer au-dessous? comment l'Etat souverain et l'Etat in-dustrie politique de la nation se confondent dans ces termes?

Quand un particulier veut emprunter à un par-ticulier, il passe un contrat, il s'engage sous la loi; et c'est cette faculté d'être absolument engagé par le contrat, sous la loi, qui fait que l'emprun-teur particulier trouve des fonds, car sans cette faculté il n'y aurait que des emprunts sur parole, ce qui diminuerait considérablement le nombre des transactions entre particuliers.

Que l'Etat souverain, dans des circonstances difficiles et sans se rendre bien compte des choses,
ait cru pouvoir lui-même s'assimiler à un particulier, et entrer sous cette forme qui est le moyen de
crédit des particuliers entre eux, dans le but d'augmenter par une vaine apparence la force du crédit
public; que les créanciers, séduits par la similitude
de cette forme avec la forme des transactions habi-
tuelles, aient cru aussi que le souverain pouvait
être engagé par elle; qu'ils se soient crus mieux ga-
rantis au vis-à-vis de l'état souverain par une loi,
que par la seule garantie qu'ils aient jamais eue
réellement et qu'ils puissent jamais avoir, c'est-à-
dire par l'intérêt même de l'Etat, par sa moralité et
sa sagesse; cela n'a rien de bien étonnant : mais il
n'en reste pas moins évident que la loi et le contrat, en tant qu'engageant absolument le Législateur, n'étaient que de pures fictions; que le Souverain n'a pu abdiquer sa souveraineté, qu'il y a au
fond de cette affaire une solennelle niaiserie; que
le souverain ne peut cesser d'être l'arbitre suprême
des intérêts et des choses; qu'il reste toujours maître de la loi; et que son DEVOIR de souverain est
toujours de pondérer tous les éléments dans l'actuel, sans qu'aucune forme passée puisse lui enlever la faculté et le dispenser du devoir d'opérer
sans cesse, dans sa sagesse, cette pondération suprême, et d'agir en conséquence du résultat de
cette pondération...

Si donc la garantie des créanciers au vis-à-vis de l'industrie gouvernementale, que ces créanciers avaient commanditée, était dans la loi, la loi ne pouvait leur donner de garantie contre le Souverain, qui restait, malgré l'analogie des formes et du contrat, absolument souverain de toutes les propriétés publiques et particulières. Comment! la propriété des rentiers de l'Etat pourrait être soustraite à l'action du Souverain? Bon Dieu! mais cela n'est pas plus possible pour cette propriété que pour toutes les autres; et, en fait, il n'y a qu'une seule propriété absolue, celle de l'Etat Souverain. La propriété des particuliers est purement relative; et même sa valeur relative varie chaque année entre les mains des particuliers au gré du souverain. Vous le devez savoir mieux que personne, Messieurs, puisque chaque année vous faites, en tant que souverain pouvoir, acte de propriétaire absolu en prélevant l'impôt sur les fermiers de l'Etat, qui ne sont autre chose que les propriétaires proprement ou plutôt improprement dits. Vous voyez bien que l'Etat souverain est le seul propriétaire réel, et que la propriété au-dessous de lui n'a qu'une valeur relative, la valeur relative que la volonté actuelle du souverain lui concède chaque année.

Il faut donc cesser de voir la garantie des créanciers dans la loi, pour la voir où elle est réellement, c'est-à-dire dans l'équité souveraine des pouvoirs de l'Etat, représentant la volonté intelligente, légitime et régulière de la société. Et le souverain aurait beau faire des fictions, beau dire et beau mentir, elle est là et ne saurait être que là.

Maintenant, Messieurs, vous voilà à même de comprendre la raison de votre cruel embarras actuel ; et de savoir enfin ce que vous voulez, en voulant la conversion.

Vos prédécesseurs en souveraineté ont agi comme s'ils eussent été à la fois, et n'eussent pas été souverains, ainsi que nous venons de le voir. — Aujourd'hui vous suivez cet exemple de confusion. Tâtez-vous en effet, et vous verrez que, *d'une part,* en tant que vous sentant Souverain et obligés par votre mission même de faire contribuer équitablement tous les éléments nationaux aux charges publiques, vous voulez faire contribuer aujourd'hui les créanciers de l'Etat, qui depuis longtemps jouissent du privilége de ne pas contribuer : Et vous verrez que, *d'autre part,* oubliant que vous ne pouvez pas ne pas être souverain, et vous croyant de simples créanciers placés sous la loi, vous vous tourmentez pour trouver des formes au moyen desquelles vous puissiez accomplir votre volonté actuelle de détruire le privilége, tout en tâchant de paraitre demeurer soumis à l'ancienne loi qui le fondait. Vous voudriez agir à la fois en souverain et en sujets; cela n'est pas possible. Aussi vous êtes-vous précipités dans le sophisme, dans la contradiction, dans le fallacieux, et baignez-vous dans l'illusion jusques au-dessus des oreilles; pardonnez-moi l'image. Votre remboursement forcé, vos réductions, vos conversions sont un *impôt brusque* dont vous frappez la créance sur l'Etat; et si l'on fait signifier autre chose à ces mots, c'est une erreur ou un mensonge. Mais rapprochons-nous encore plus près de l'objet spécial de la question.

§ VII. — Le Souverain a le droit d'imposer la rente.

L'État, en tant qu'industrie nationale, a été commandité. Il est débiteur des propriétaires de la créance, quels que soient d'ailleurs ces propriétaires. Mais les créanciers sont sujets du souverain. Leur propriété est une propriété soumise, en droit, comme toutes les autres, à l'action du souverain. Seulement, pendant longtemps, l'industrie nationale n'était pas très prospère, le crédit de l'Etat n'était pas très assuré, les actions sur l'Etat n'étaient pas très attractives. Pour attirer des capitaux à cette importante industrie, le Souverain a créé en sa faveur des priviléges. Il a agi par rapport à elle, comme par rapport à toute industrie qu'il veut développer et asseoir fortement dans la nation. Voyez un peu,

S'agit-il de développer la production des sucres indigènes, des fers indigènes, etc., le souverain, prenant en considération l'état des choses, frappe de prohibition ou d'un droit d'importation les produits analogues des industries étrangères, et il déclare qu'il n'imposera pas les produits indigènes. Sous cette protection, sous ces priviléges, les établissements industriels se forment, s'élargissent; les méthodes de production se perfectionnent, les capitaux abondent dans ces industries et y deviennent très productifs. Lorsque le temps a amené ces résultats, le souverain reconnait qu'il n'est plus nécessaire aux intérêts de la nation de maintenir les priviléges en question; que ces priviléges ont eu leur effet; que les capitaux engagés dans ces industries ont fait prospérer ces industries et ont prospéré eux-mêmes; que désormais ils peuvent prospérer suffisamment sans le secours du privilége; que le privilége avait pour but d'établir un équilibre convenable entre les capitaux engagés dans ces industries et les capitaux engagés dans toutes les autres branches de l'atelier de travail du pays; que maintenant l'équilibre est dépassé; qu'il est rompu au profit de ces industries privilégiées et au détriment des autres capitaux et des autres industries; qu'il convient donc, pour faire œuvre de bon souverain, de diminuer ou même d'abolir entièrement les priviléges, c'est-à-dire de réduire ou d'enlever le droit d'importation et d'imposer en proportion convenable les produits de ces industries indigènes.

Si ces modifications se font en temps opportuns, en mode progressif, en proportions raisonnables et justes, le souverain agit en bon, en digne, en intelligent souverain.

Supposez que le souverain, n'ayant pas de l'avenir une prévision infaillible, ait cru, quand il a créé les priviléges en question, qu'il faudrait deux cents ans, trois cents ans pour que ces industries arrivassent à pouvoir se passer de ces priviléges ; supposez même qu'il ait cru qu'elles ne pourraient s'en passer jamais : qu'il ait en conséquence porté à deux cents, trois cents ans la durée des priviléges, ou qu'il les ait déclarés perpétuels. Eh bien ! croyez-vous que quand ces industries, développées par des découvertes et des circonstances imprévues, auront atteint rapidement un grand degré de prospérité, que quand les capitaux qui s'y sont engagés auront joui de cette prospérité, et que cette prospérité croissante leur fera des avantages toujours croissants, dépassant tout équilibre raisonnable par le fait des priviléges et au détriment des autres capitaux et des autres industries du pays ; croyez-vous qu'alors le souverain ne devra pas changer, par sa volonté équitable et souveraine, la loi qui avait été faite antérieurement, qui était bonne dans son temps, mais qui cesse de l'être, parce que le législateur antérieur n'avait pas vu l'avenir aussi bien que Dieu l'aurait pu voir, et que la prospérité présente donne un démenti à ses prévisions ? Et à quoi donc servirait le souverain, et quelle serait son utilité et sa mission sociale, s'il ne pouvait pas toujours *pondérer* et *mesurer* comme il est dans l'intérêt social et dans l'équité qu'il pondère et qu'il mesure? Le souverain passé a pu mettre dans la loi la *perpétuité* du privilége ; mais ce mot était une erreur, une illusion, si le souverain l'entendait dans le sens absolu, dans le sens de *durée infinie*. L'infini n'appartient ni à l'homme, ni aux lois qu'il fait : que Dieu décrète ainsi, à la bonne heure; mais quand le législateur humain prononce le mot de *perpétuité*, de *durée infinie*, cela ne peut pas signifier autre chose, sinon qu'il ne fixe pas de terme à l'action de la loi qu'il porte, qu'il lui attribue une action *indéfinie*, autrement dit une action qui agira dans l'avenir tant que l'avenir ne la *définira* pas, ne la modifiera, ne la changera, ne la *finira* pas.

On ne peut certes refuser cette doctrine de raison et d'évidence.

Eh bien ! l'administration nationale, le gouvernement n'est-il pas une industrie, la plus importante de toutes les industries, l'industrie qui protége toutes les autres, les défend contre l'invasion, les garantit par les lois contre le vol, contre le brigandage, contre la perturbation qui dévasterait le pays si le règne des lois protectrices des personnes et des propriétés était suspendu? Cette industrie a dû toujours être, et ne doit jamais cesser d'être l'objet des plus vives sollicitudes du souverain.

Pour constituer cette industrie, le souverain a dû se prêter à toutes les nécessités des temps difficiles; il a dû tout faire pour y attirer les capitaux dont elle avait besoin, pour assurer sa prospérité et son crédit. Il a établi en sa faveur des priviléges nécessaires dans le temps, il a bien fait. Mais aujourd'hui que le crédit de l'Etat est constitué sur la force et la richesse de la nation; aujourd'hui que les capitaux engagés dans cette industrie ont beaucoup prospéré; que les actions de cette industrie (les titres des créanciers) se vendent fort cher; que ces actions sont à bon droit considérées comme un placement très avantageux, très solide, très commode; enfin qu'elles font une trop forte concurrence aux autres capitaux, et que l'équilibre est rompu au profit de ces capitaux et au détriment des autres industries, c'est-à-dire au détriment de tous les contribuables; aujourd'hui, disons-nous (si le souverain du moins juge réellement dans sa sagesse, que les priviléges dont nons parlons constituent des avantages trop forts), eh bien! il est tout simple, tout naturel et fort légitime, qu'il réduise ces avantages, qu'il ramène l'équilibre, qu'il diminue l'action du privilége antérieurement constitué, c'est-à-dire qu'il impose, dans de justes mesures, les *produits* de cette industrie, *qui ne sont autre chose que les rentes servies par le gouvernement*[1].

____

(1) Il n'est question ici que de la partie des produits de cette

Tout cela est fort clair ; mais ce qui ne vous a pas paru aussi clair jusqu'ici, Messieurs, et ce que vous devez, maintenant, facilement comprendre : c'est que les mesures que vous proposez pour réduire la rente ne sont pas autre chose que la levée de l'ancien privilége et l'établissement d'un impôt.

§ VIII. — La conversion c'est l'impôt.

Qu'est-ce que l'impôt en effet ? C'est le prélèvement de l'Etat sur le revenu de toutes les propriétés, de toutes les industries imposées. Eh bien ! à tort ou à raison (je ne m'occupe pas ici de l'équité et de la convenance de la chose, c'est l'affaire de votre sagesse), à tort ou à raison vous voulez aujourd'hui que la créance sur l'Etat, que l'ensemble des actions prises sur l'industrie gouvernement, qui rapportent aujourd'hui 147 millions (rente 5 p. o/o) à leurs propriétaires, leur rapporte doré-

---

industrie, qui va aux rentiers. Le travail de l'industrie gouvernementale c'est l'administration, la défense, la protection de tout les intérêts particuliers. Les intérêts particuliers rendent immédiatement l'impôt en échange de la protection donnée. L'argent de l'impôt est donc le produit de l'industrie gouvernementale ; une partie de ce produit sert à payer les travailleurs ou fonctionnaires, etc., etc., une autre à payer un revenu aux capitalistes ou bailleurs de fonds. Les bénéfices de ceux-ci, la rente restant fixe, sont représentés par la plus-value de leurs actions, au fur et à mesure du développement de la richesse générale et du crédit du gouvernement.

navant 20 ou 23 millions de moins annuellement
au profit de l'Etat. Evidemment, et sous quelque
forme que vous réalisiez votre volonté, c'est très
positivement un impôt de 20 ou 23 millions que
vous allez mettre aujourd'hui sur la rente, c'est-à-
dire sur la partie des produits de l'industrie gouvernementale, que touchent annuellement les bailleurs de fonds de cette industrie. Et vous annoncez
que vous vous réservez d'augmenter cet impôt plus
tard, car vous annoncez des réductions analogues
pour l'avenir.

Les propriétaires des actions, des créances sur
l'Etat touchent 147 millions : ces produits de l'industrie administrative qui vont aux bailleurs de
fonds seront imposés de 20 à 23 millions, sans
préjudice des réductions ou des impôts ultérieurs.
Voilà le fait.

Votre loi, n'est-ce pas, Messieurs, ne va pas créer
20 ou 23 millions par an. Si donc le gouvernement
les gagne, comme il n'y a en présence ici que le
gouvernement et les créanciers (quels qu'ils soient,
et qu'il y ait ou non déclassement dans la rente,
car peu importe ici le nom des détenteurs de la
créance), si , dis-je, le gouvernement est par vous
mis en mesure de réaliser annuellement 20 millions
d'économie, c'est que vous aurez diminué de 20
millions le revenu de la créance, autrement dit

imposé cette créance de 20 millions au profit du gouvernement.

Ce ne peut donc être qu'au moyen d'une fiction pure, d'une fiction puérile, que vous refuseriez de voir dans l'acte de votre volonté, par lequel vous réduisez la rente de 20 millions, un impôt de 20 millions.

Ainsi, que vous remboursiez, réduisiez, convertissiez, ou que vous imposiez, le fond, vous le voyez, est toujours le même, sous des noms ou des formes différentes.

§ IX. — Examen de vos systèmes dans leur réalité.

Et maintenant, pourquoi ne voulez-vous pas appeler la chose par son nom et imposer suivant les formes ordinaires? Pourquoi vous cramponnez-vous à ces formes de remboursement, de conversion? Pourquoi n'avez-vous pas reconnu vous-même ce que je viens de vous prouver clair comme le jour? Pourquoi aucun de vous n'a-t-il seulement osé prononcer ce mot impôt? Pourquoi? eh! mon **Dieu**, je vous l'ai montré. Je vous ai bien fait voir que c'est parce que vous êtes dupes d'une illusion, d'un préjugé antérieur à vous et qui vous a dominés jusqu'à ce jour; parce que les mots vous ont abusés et fait prendre le change sur les choses; parce que vous voudriez agir à la fois en sujet et en souverain; ce qui est impossible; parce que vous cherchez sans aucun motif valable, sans aucune utilité

pour le crédit de l'Etat, à déguiser encore votre
souveraineté aux yeux du public et à vos propres
yeux, sous un voile bien transparent, je vous le
jure ; car la seule expression de la vérité fera facilement voir clair à tout le monde. N'a-t-on pas toujours bien senti au fond que l'Etat en dernière
analyse était le maître de la créance et des créanciers ? Ne sait-on pas en dernière analyse qu'il n'y a
pas de recours contre lui, en cas d'impôt et même
de faillite ? Et sera-t-il bien difficile de prouver que
quand vous diminuez de 20 millions de rentes le
revenu annuel de la créance, vous imposez par le
fait cette créance de 20 millions ?

En vérité vous vous laissez faire de singuliers
systèmes. On vous dit, par exemple : Pour que les
créanciers *consentent* la conversion, il faut en *prenant* sur leurs intérêts *augmenter* leur capital afin
qu'ils gagnent d'un côté ce qu'ils perdent de l'autre.
Qu'ils gagnent ! ce *qu'ils gagnent*, est charmant.

Voici la loi qui veut que l'État gagne sur les
créanciers, et qu'en même temps ceux-ci gagnent
sur l'État. Encore une fois votre loi n'ouvre pas
une mine d'or qui apporte des valeurs nouvelles,
elle ne *crée rien*, votre loi ; elle ne peut que *déplacer*. Si son but est de déplacer au profit de l'État,
elle déplace forcément au détriment des créanciers.

Voyez un peu : On vous dit : émettez du 3 o/o à
83, 33 1/3, vous réduisez l'intérêt, gain pour l'État;
vous augmentez le capital nominal, gain pour le
rentier : personne n'y perd, et chacun est content.

Holà! entendez-vous que cette augmentation de capital est réelle, que l'État devra rembourser ce capital, l'amortir, s'en libérer définitivement? S'il en est ainsi, vous grevez l'avenir en proportion exacte de ce dont vous déchargez le budget présent; s'il en est ainsi, votre opération revient exactement à un emprunt de la somme dont vous grevez l'avenir, et à la jouissance dans vos budgets actuels de l'intérêt de cette somme. S'il n'en est pas ainsi ; si vous ne devez pas amortir, si vous ne devez pas finir par rembourser définitivement votre dette, si vous la considérez comme devant être perpétuelle ; votre mesure revient non à donner aux rentiers quelque chose qu'ils n'aient pas aujourd'hui, mais à leur laisser seulement une partie de quelque chose qu'ils ont aujourd'hui, qu'ils ont eu jusqu'à ce moment, qu'ils auraient bien plus complétement sans votre mesure que par votre mesure, je parle de la plus-value naturelle que le cours des choses peut éventuellement donner, donnera probablement, mais indépendamment de votre mesure législative, aux créances sur l'État. Qu'est-ce donc que vous donnez? une éventualité qui ne dépend pas de vous! une augmentation de capital dont vous ne sauriez en aucune façon garantir la réalisation! une augmentation de capital que vous avez l'air *de donner généreusement* au rentier pour compenser la réduction de l'intérêt, et que vous lui donnez si peu par votre mesure qu'il en jouirait beaucoup plus amplement, beaucoup plus certainement, beaucoup plus complètement si vous ne preniez pas cette mesure, si le remboursement ne devait jamais se faire.

«Votre dette croîtra, vous dit-on, elle croîtra, croîtra toujours puisque vous donnerez toujours au rentier du capital pour compenser l'intérêt que vous lui prenez; mais ne vous effrayez pas de cette montagne de milliards, Messieurs; car l'Etat ne les paiera jamais! et en dernière analyse vous n'aurez rien donné du tout.... » Quel beau cadeau que ces milliards idéaux! Vous faites, Messieurs, de l'*idéalisme* transcendental, du spiritualisme pur, du spiritualisme tout-à-fait Barkléen ou Fichtéen à l'usage des rentiers; mais de la bonne arithmétique bien positive, bien *réaliste* et bien sonnante, à l'usage de l'Etat. Cette combinaison des deux systèmes philosophiques de la réalité et de la non-réalité des corps est en vérité fort ingénieuse, et on ne pouvait faire une plus heureuse application de la métaphysique à la finance!

Cependant, si vous voulez sortir de cette métaphysique à double principe, et à principes malheureusement contradictoires; si vous voulez parler le simple langage de la réalité et de la vérité, vous direz : « Notre système de remboursement forcé du « 5 au pair et de l'émission du 3 1/2 à 83, 33 1/3, « Messieurs les rentiers, revient à imposer aujour- « d'hui votre rente de 80 centimes et à vous don- « ner à entendre que nous maintiendrons cet im- « pôt jusqu'au moment où la diminution graduelle

« du prix des capitaux, diminution que nous
« prévoyons devoir continuer à se faire, aura aug-
« menté la valeur de la créance dans vos mains, de
« la quantité dont aujourd'hui, dans vos mains, elle
« a dépassé le pair. Alors nous frapperons un nou-
« vel impôt pour rétablir l'équilibre entre les capi-
« taux engagés dans l'industrie publique, et les ca-
« pitaux engagés dans les autres industries. » Ah !
si vous parlez ainsi, à la bonne heure, on vous
comprendra, et vous ne mystifierez plus personne.

L'autre système que l'on vous propose, et qui
consiste à opérer la réduction par une émission de
4 et demi p. 100, par exemple, en stipulant dans
la loi que vous ne renouvellerez une réduction
analogue que dans un temps déterminé, ou mieux,
à l'époque où le 4 et demi aura dépassé le pair
d'une quantité déterminée : cet autre système rentre
encore plus clairement dans la nature de l'impôt,
et je me dispense de répéter une démonstration
plus facile encore à comprendre que dans le cas
précédent.

§ X. — Absurdité théorique et pratique de vos systèmes.

Ainsi donc, Messieurs, tous vos systèmes revien-
nent, au fond, au même que si la propriété de la
créance sur l'Etat étant considérée comme une propriété quelconque, vous preniez la résolution d'im-

poser cette propriété par secousses brusques, à des intervalles de temps indéterminés, et en mettant chaque fois le gouvernement au beau milieu d'une crise financière.

Et ce qu'il y a de plus clair et de plus certain dans votre mesure du jour, c'est que, d'un coup, la rente va être imposée de 8o centimes; tandis que l'éventuel c'est l'augmentation du 4 et demi ou du 3 et demie que vous allez émettre pour faire l'opération, augmentation dont votre loi, d'ailleurs, ne ferait en aucun cas cadeau à personne.

Ainsi grâce à la confusion des deux idées fort différentes représentées par le même mot l'*État*; grâce à l'illusion par laquelle vous vous croyez à la fois *sujet* et *souverain*, deux faits essentiellement incompatibles; grâce à la conséquence dérivant de cette confusion et de cette illusion, et qui vous entraîne à réaliser votre volonté de souverain sous les formes analogues à celles obligées pour les sujets; grâce à vos fausses notions de finances et de crédit public, vous courez, Messieurs, à une mesure qu'une simple panique, ou qu'un accident de politique intérieure ou extérieure, tel que votre journal peut vous en annoncer un chaque matin, peuvent rendre terrible pour le Gouvernement. Vous courez à une mesure encore qui va, pour 8 ou 10 sols d'économie par tête de contribuable, priver de près du cinquième de leur avoir annuel le plus certain les familles nombreuses et souvent peu

fortunées dont le revenu principal, fruit d'économies très souvent laborieuses, pénibles et fort mé-
ritantes, est aujourd'hui dans la rente. Quant aux
joueurs je n'en dis rien; le sort des grands capitaux
intelligents, engagés dans la Bourse me laisse sans
souci; ceux-là savent bien voir clair dans toutes
vos fictions, et ils s'arrangeront sans doute de manière à ne rien perdre. Mais qui perdra? sur qui re-
tombera en dernière analyse tout le détriment de
l'économie des 20 millions de rente? Sur ces capitaux honnêtes et peu habiles qui, ne comprenant
pas grand' chose aux affaires, ont mis dans la rente
de l'État leur avenir, comme dans un port assuré.
ceux-là, quoi que vous puissiez dire, seront pris au
dépourvu, ils seront dupes, victimes, et formeront
la masse du poisson ramassé par le grand filet des
joueurs. Et avez-vous calculé les effets généraux de
cet impôt si lourd, tant par sa *masse* que par la *ra-
pidité de sa chute?* Avez-vous calculé les résultats
de ce coup que vous allez porter sur le prix des
loyers qui en va baisser brusquement, sur la diminution de vente des denrées et des produits industriels de valeur moyenne et inférieure, par suite des
économies forcées que devront s'imposer les familles qui resteront dans la rente?

Avez-vous sondé l'abîme du gouffre ouvert par
l'agiotage effréné qui se fait maintenant sur les
actions industrielles avec une fureur inconnue jusqu'ici; abîme où tomberont celles de ces familles,
désarmées parce qu'elles ne sont pas savantes dans

ces sortes d'affaires, que l'espérance de maintenir leurs revenus actuels fera sortir de la rente pour entrer dans ce gouffre : et c'est tout au fond de l'abîme qu'elles tomberont, par la raison bien simple qu'en y entrant sérieusement, elles y demeureront écrasées sous le poids des énormes bénéfices que les habiles y réalisent?

Et les contre-coups de tous ces effets dans des industries, aujourd'hui fort tranquilles *parce qu'elles ne voient pas le lien qui les unit solidairement à votre mesure*, les avez-vous calculés? En un mot, vous êtes-vous bien rendu compte de la manière dont une crise financière de cet ordre, une perturbation pareille à celle que vous allez déterminer, réagira sur l'industrie ambiante, sur le crédit particulier, sur le crédit commercial en général? N'entrevoyez-vous pas que votre *économie* qui ne *crée pas pour un sol* de valeur réelle, mais qui seulement *déplace brusquement* une grosse masse de capitaux, peut *détruire bien des valeurs réelles* par les stagnations, par les méventes, par les mouvements irréguliers et désordonnés qu'elle tend à engendrer dans la consommation, dans la production et dans le commerce.

Quant au crédit du Gouvernement, je le répète, vous le savez, vous lui faites courir une chance. Etes-vous maîtres des événements? Savez-vous ce qui peut se produire? et ne devez-vous pas quelque peu craindre de forcer un Gouvernement qui ne procédera à la mesure qu'avec incertitude, avec répugnance et malgré lui, à ouvrir les caisses de l'Etat au risque d'arriver au fond sans avoir épuisé les demandes? La répugnance du Gouvernement et son attitude, la concurrence des actions industrielles, l'éventualité, n'est-ce rien à considérer, et votre grande économie de 5o centimes par tête de contribuable ne peut-elle pas amener un mauvais jour? Quand le Gouvernement, sous le ministère de M. de Villèle, venait délibérément et tête haute à la Conversion; quand il avait pris ses mesures avec des compagnies puissantes, et qu'il demandait aux Chambres de ratifier *des conditions faites;* la mesure, toute brusque qu'elle était, et quoique capable des perturbations que je signalais tout à l'heure, se présentait au moins sous des formes rassurantes relativement au crédit actuel de l'Etat. Sous ce rapport il n'y avait rien, ou il y avait fort peu à craindre. Mais avec un Gouvernement que vous traînez bon gré mal gré, piteusement, et la corde au cou, à la Conversion, en est-il de même?

Notre situation en Europe d'ailleurs n'est-elle pas différente? Mais je perds mon temps, car vous savez tout cela mieux que moi, Messieurs.

§ XI. — Importance politique de la *régularité* de la rente. Considération d'avenir.

Un mot encore sur la partie politique de vos projets. N'est-il pas vrai, Messieurs, que les particuliers qui ont des fonds placés dans une maison de banque, sont fort intéressés à la stabilité et à la prospérité de cette maison? N'est-il pas évident, par suite, qu'il serait d'une bonne politique que l'Etat pût être le banquier du plus grand nombre de citoyens dans toutes les classes? Or, ne devons-nous pas viser à amener le temps où le Gouvernement, réunissant en lui l'élite des intelligences, agissant avec sagesse, lumières et prévoyance, serait réellement à la tète de l'industrie, et conduirait régulièrement les mouvements de l'activité nationale, en donnant par ses allures l'exemple de l'activité bien conduite, bien employée? Si l'avenir nous réserve la diminution des armées purement *défensives*, et par conséquent *improductives* en théorie absolue, ne nous réserve-t-il pas aussi, par transformation ou par création, le développement des armées industrielles, des grandes légions de travailleurs soldés par l'Etat pour l'exécution de grands et nobles travaux *productifs*, féconds en richesses matérielles et en résultats moraux, répandant la vie, l'abondance, l'amour du travail et de l'ordre dans la nation, faisant enfin la force, la prospérité, la gloire et la magnificence du pays? La France, Messieurs, doit-elle craindre de se regarder comme destinée à donner aux autres nations l'exemple de la *valeur industrielle*, comme elle leur a donné l'exemple de la *valeur militaire?* de les initier à l'avenir de paix et de travail qui semble se lever sur le monde, comme elle les a initiés à la liberté politique, à l'égalité devant la loi, aux idées enfin par lesquelles jusqu'ici elle s'est faite initiatrice et reine de l'Europe?

S'il est permis de penser, et nous sommes fier de le croire permis, qu'il en doit être ainsi, n'est-il pas évident que le Gouvernement qui a dû, dans le passé, emprunter pour la guerre, devra bientôt emprunter pour le travail qui produit et féconde? Et n'est-il pas évident, dès lors, que dans un double but de haute politique il devra viser à attirer à lui ces capitaux de toutes les classes qui tendent à aller chez le banquier privé, cette portion du numéraire que les familles n'engagent pas dans des spéculations industrielles privées, soumises à des variations, à des chances trop nombreuses, parce qu'elles veulent que cette portion de numéraire leur assure un revenu certain et régulier, et qu'elles y comptent, pour ainsi parler, comme sur le magasin de réserve de leur consommation, de l'éducation des enfants, etc.?

Or, remarquez que si chaque industrie privée présente un caractère d'incertitude, de chance et de fluctuations, que si la propriété des actions de ces sortes d'industries est une propriété continuellement vacillante, il n'en saurait être de même relativement à la propriété des actions prises sur l'État; car ces dernières actions sont hypothéquées sur la somme de toutes les propriétés, sur la valeur totale de toutes les industries, sur le revenu produit par le travail général de la nation, sur le grand atelier social tout entier. La prospérité de l'État est le résultat de la balance des profits et pertes de toutes les industries, agricoles, manufacturières, etc., etc. Ce résultat est donc *essentiellement régulier* par rapport aux résultats de toutes les industries partielles. La raison et l'expérience prouvent qu'un État étant en voie de travail, malgré les fluctuations de chacune des industries privées, sa prospérité, étant la *moyenne arithmétique* générale, se développe en marche ascendante. (Cette propriété, pour le dire en passant, est la base matérielle du crédit de l'État, c'est une des fonctions les plus importantes de celles qui ontrent dans l'expression scientifique de la formule de ce crédit; expression qui pourrait se traduire *algébriquement, mathématiquement* aujoud'hui, et qui sera traduite un jour dans une formule très simple, dont tous les termes seront très déterminés.)

Ainsi, il est dans la nature même des choses, dans la nature de la prospérité *particulièrement régulière* sur laquelle se fonde le crédit de l'État, que ce crédit, et par conséquent les revenus hypothéqués sur ce crédit et sur cette prospérité, possèdent le caractère de la *régularité*

Or, remarquez que plus (ce à quoi il est de haute politique de viser), que dis-je, plus seront nombreux les actionnaires, les créanciers, les bailleurs de fonds de l'État, plus il se trouvera dans toutes les classes de la société de ces créanciers sérieux et qui ont *casé* une portion de leur avoir dans la rente, plus il y aura de citoyens et de familles intéressés

à la stabilité et à la prospérité de l'Etat ; de telle
sorte que si, en recevant d'abord dans la caisse d'é-
pargnes les économies des classes ouvrières, et en
attirant à la rente le cumul de ces économies, ainsi
que les capitaux plus forts correspondant aux diverses classes de fortunes, il arrivait (c'est une hypothèse pour établir l'argument) que toutes les familles de France eussent des fonds engagés dans
l'Etat; si ce résultat,était atteint, toute la France
sans exception serait, par intérêt matériel même,
attachée à la stabilité et à la prospérité de l'ordre
de choses! L'importance et la généralité de la
créance lui donneraient la plus haute valeur; la
créance de l'Etat serait la plus sacrée et la plus sûre
des propriétés; et par la force même des choses, la
France pourrait être envahie et conquise (encore
une pure hypothèse), que le conquérant se verrait
contraint, par l'intérêt de conservation lui-même,
de plier la tête devant cette créance, de la reconnaître et de la servir!

Ainsi il n'est pas difficile d'apercevoir que le caractère *de régularité* de la rente servie par l'Etat
doit être considéré, avec la *sûreté* du placement,
comme *attrait de premier ordre* pour opérer la
substitution de l'Etat au banquier particulier et
amener des capitaux à ses opérations de grande
industrie. On ne saurait donc, sans un profond mé-
pris pour les convenances de la haute politique, de
la politique la plus positive et en même temps la
plus large et la plus sociale, entrer dans un système

de crédit reposant sur le principe de la *plus grande irrégularité possible* ; or, ce système est celui du rétablissement de l'équilibre entre le taux des placements sur l'Etat et le taux des autres placements, par le moyen de secousses brusques, de commotions profondes qui, d'intervalles à intervalles, viendraient bouleverser les proportions de cette partie de leur revenu que les familles veulent conserver régulière.

Et, que sont les systèmes de remboursement, de conversion et de réduction que vous discutez, sinon des variations composées sur ce déplorable système ?

Qui ne voit d'ailleurs que plus on approchera du magnifique résultat que je signalais tout à l'heure et qui serait caractérisé par le casement d'une partie importante du revenu de toutes les classes dans la rente, plus la rente serait à l'abri des fluctuations dues aux influences des éventualités politiques ; plus elle tendrait par conséquent à graviter vers un état de régularité parfaite, régularité qui certes, au seul point de vue de la politique la plus vulgaire, est un caractère important.

Ces diverses considérations, Messieurs, vous prouveront sans doute qu'en plaidant en faveur des rentiers contre ce système qui consiste à les frapper de grands coups à certains intervalles, à les mettre en coupes d'autant plus fortes qu'elles sont plus éloignées, je ne faisais pas simplement du sentiment et de l'humanité, mais encore de la politique, et de la bonne politique, c'est-à-dire de cette politique qui se fonde sur la connaissance de la convenance des choses et sur l'humanité.

§. XII. — Imposez la rente.

Est-ce à dire, Messieurs, que vous deviez laisser monter indéfiniment le taux de la rente? Est-ce à dire que votre volonté doive rester désarmée devant votre conscience et votre sagesse? et que vous deviez respecter comme des fétiches ces priviléges qui feraient aux créanciers de l'Etat des bénéfices exorbitants et hors de proportion avec tous les autres placements utiles? Est-ce à dire que cette industrie gouvernementale qui est digne de toute votre sollicitude, qui est faite pour protéger toutes les propriétés et toutes les industries, et qui doit arriver même à leur donner l'exemple, à leur imprimer le plus heureux mouvement par ses grands travaux généraux; qui doit passer de l'état, pour ainsi dire *passif*, ou plutôt purement *défensif*, qui est son caractère actuel, à *l'action productive* supérieure, ainsi que je l'idiquais tout à l'heure dans une prévision dont tous les vœux doivent appeler la réalité; est-ce à dire que cette industrie de haut degré doive absorber tous les sucs nourriciers des autres industries, et que vous deviez lui laisser prendre le caractère d'une hypertrophie fatale à ces industries subordonnées qu'elle doit vivifier, mais non épuiser? Oh! Messieurs, vous ne m'avez pas fait l'injure de penser que telle était la conséquence où mes arguments aboutissent ! Non, Messieurs, non, je n'ai point dit que vous deviez déposer, en présence de ces résultats, votre sagesse, votre conscience, votre souveraineté dont la mission sociale est de mesurer et de pondérer toutes choses dans la société soumise aux décisions de votre intelligence, à l'arbitre de votre haute équité.

J'ai voulu seulement, j'ai voulu au contraire vous prouver que vous devez agir en souverain, agir avec mesure, agir régulièrement, mais non révolutionnairement, c'est-à-dire brusquement, violemment et par chocs perturbateurs; j'ai voulu vous prouver qu'à force de vouloir agir en *sujet* quand vous êtes *souverain* (je m'adresse toujours aux trois pouvoirs en parlant ainsi), qu'à force de vouloir agir en sujet quand vous êtes souverain et quand vous devez agir en souverain, vous êtes conduits directement et par la force même des choses au procédé révolutionnaire. Et il n'est pas étonnant qu'il en soit ainsi; car si le sujet agit révolutionnairement quand il veut agir en souverain, réciproquement le souverain doit faire œuvre révolutionnaire si lui aussi intervertit son rôle et veut agir en sujet. J'ai voulu, Messieurs, vous prouver que vous ne pouviez faire bien, et sagement, rentrer dans l'ordre, dans la pondération régulière et dans la bonne mesure qui doit marquer vos œuvres, qu'en rentrant dans la vérité; j'ai voulu déchirer ces voiles que les préjugés, et les erreurs, et les dures conditions des temps difficiles ont jetés sur la science du crédit public, qui n'est après tout et ne saurait être qu'une science de bon sens, et, qui comme toute science vraie, doit indiquer des solutions naturelles, favorables et faciles : j'ai voulu vous prouver enfin que vous ne pouvez faire convenablement qu'en vous débarrassant du joug de toutes ces vieilles fictions, de ces fictions usées sur lesquelles on a cru devoir asseoir le crédit, joug qui pèse sur vos intelligences, qui clôt vos paupières, et qui vous pèse si lourdement que *voulant certainement* le but de la conversion, c'est-à-dire le rétablissement d'un équilibre nécessaire entre les capitaux en France, vous vous êtes précipités dans un embarras, dans une anarchie d'opinions, de vues et de moyens, tels que, *très certainement*, vous ne savez plus aujourd'hui comment en sortir! Oui, Messieurs, ces fictions vous ont conduits là, que si vous n'acceptez pas la *vérité en crédit et en souveraineté*, quelque fortement que vous vouliez la conversion ou plutôt son but, vous reculerez devant elle, ou plutôt devant les mesures que vous vous proposez contradictoirement et anarchiquement entre vous pour en atteindre le but. Oui, la conversion était décidée en formule générale, en vœu général dans vos esprits; et vos esprits s'arrêtent! vos idées s'enchevêtrent! vos systèmes se détruisent dans la confusion de la mêlée parlementair..... et vous reculez effrayés de ce désordre, et des conséquences de chacune de vos mesures....

Entrez donc dans la vérité, Messieurs! et tout

devient simple, net et facile. Entrez dans la vérité, décidez-vous à être souverain puisque après tout vous êtes souverain et ne pouvez vous en défendre.

La vérité en politique et en conduite de la société, c'est que vous êtes souverain, souverain arbitre de la loi et du droit, et que cette faculté de disposer de la loi et du droit, vous devez en faire usage pour mesurer, pondérer et équilibrer la vie sociale et les choses.

La vérité en finances publiques et en crédit public, c'est que la base du crédit n'est pas dans des contrats, dans des lois, dans des actes passés, dans des fictions qui tombent devant un signe de la volonté de souverain comprenant les intérêts du pays et agissant dans leur sens; mais que la base du crédit de l'Etat est dans l'intérêt même de l'Etat à avoir du crédit, dans son intérêt propre, dans son intelligence, dans sa sagesse, dans sa moralité, dans son équité; équité et moralité dont la garantie est dans les idées qui règnent sur la société, qui la gouvernent et gouvernent le souverain; mais non dans les formes d'une loi qui n'oblige pas, d'un contrat qui n'est pas un contrat. La base du crédit du gouvernement de la société, gouvernement qui constitue l'unité et la vie d'une société, est dans la vie même de cette société, dont le souverain fait et résume l'unité, et doit être la manifestation volitive.

Asseyez donc le crédit sur sa vraie, sa seule et

unique base, par un acte de votre volonté souveraine. Faites une révolution dans les idées, au lieu d'en faire une dans les intérêts. On a considéré les rentiers comme étant des *créanciers parasites* de la nation; déclarez-les les associés de l'industrie supérieure de la nation! On a regardé leur sort comme plus ou moins précaire, ainsi que l'est toujours plus ou moins celui de tout créancier; déclarez-les propriétaires à un degré aussi sacré que sont propriétaires des différentes industries et des différentes propriétés mobilières ou immobilières, ceux qui ont entre les mains les titres de ces propriétés! On a regardé cette propriété, reléguée dans une catégorie à part, comme une propriété *privilégiée*, par suite de nécessités que les créanciers de l'État avaient exploitées à leur profit dans des temps difficiles; détruisez les jalousies et le mauvais vouloir que ce privilége excite contre cette propriété, en abolissant son privilége, en la faisant rentrer sous la règle commune, en la déclarant imposable!

Eh! mon Dieu! ne vous effrayez pas tant des mots, quand vous faites si rudement les choses. De quoi auriez-vous peur? d'altérer le crédit par cette innovation, de mécontenter les rentiers? Allons donc! mécontenter les rentiers quand vous allez, par suite de cette déclaration, abattre toutes les jalousies qui les attaquent! quand vous allez, par suite de cette déclaration, pouvoir rétablir peu à peu, progressivement, presque sans qu'ils s'en aperçoivent, cet équilibre pour le rétablissement brusque duquel ils voient vos bras armés de la massue de la réduction, levés sur leurs têtes! Mécontenter les rentiers? oh! je m'étonnerais fort que ces rentiers, que vous pourrez n'imposer que de 5 ou de 10 centimes la première année ou la seconde, de 10 ou 15 la troisième... enfin que vous imposerez lentement, progressivement, sans secousse, en les prévenant d'avance, en leur donnant du temps, sans bouleverser d'un coup leur fortune et leur existence, et comme un bon et sage souverain doit faire; je m'étonnerais fort que ces rentiers, qu'on vous a représentés comme devant être fort contents des cadeaux éthérés de milliards idéaux qu'on vous propose de leur faire, se trouvassent désespérés de la mesure que je propose...

Craignez-vous d'altérer le crédit pour la suite? allons donc encore! Altérer le crédit parce que vous aurez constitué la vérité et la régularité du crédit! parce que vous l'aurez soustrait aux chances de perturbation dont vos systèmes le menacent dans le présent et dans l'avenir! Quoi donc! parce que la propriété des actions sur l'État serait imposable dans ses produits, on ne voudrait plus de cette propriété et de ces actions! Et mais où donc se réfugieraient les capitaux qui ne voudraient pas être imposés? Ils se réfugieraient aveuglément dans l'agriculture, et couvriraient les champs et les prairies; mais l'agriculture est imposée. Dans les arts, dans les industries privées; mais les produits

des arts et des industries sont imposés. Où iront-
ils donc les capitaux qui voudront échapper à l'impôt? En vérité ce sont là de bien grandes puéri-
lités.

Direz-vous qu'on pourra craindre que l'Etat
n'impose outre mesure cette matière parce qu'elle
est sous sa main? mais l'Etat n'a-t-il pas intérêt à
ce que son industrie privilégiée prospère, à ce que
les capitaux y abondent ou soient toujours prêts à
répondre à son appel? Ne craignez rien, les associés
directs de l'Etat seront toujours, par le fait, moins
imposés que les autres propriétaires!

Direz-vous que dans les temps difficiles, dans les
temps de nécessité, l'Etat prendra trop par l'impôt
à ses associés? Mais d'abord c'est dans ces temps
que l'Etat à le plus besoin de bailleurs de fonds
et qu'il est le moins disposé à les mécontenter;
mais ensuite, dans des temps pareils, l'Etat est
quelquefois obligé de faire des retenues sur les
appointements de ses associés en travail, c'est-
à-dire de ses fonctionnaires; cela empêche-t-il
que l'on n'écrase de sollicitations les députés, les
ministres et tout ce qui a quelque influence, pour
être admis à donner son temps et son travail à l'E-
tat, malgré ces chances que je viens de dire, et
quoique les bénéfices du travail y soient souvent
moindres que dans des industries ambiantes? Et
encore dans les temps dont vous parlez quelles
sont les propriétés, les industries qui n'aient des
chances, ne souffrent, ne soient exposées à souffrir

et souvent à périr? N'est-il pas une foule d'industries qu'une simple déclaration de guerre arrête ou culbute? Et le commerce? et la propriété foncière elle-même dans les invasions et les révolutions? Quelle propriété donc n'a pas à craindre quand le génie de la guerre et de la destruction se lève sur un empire? — Eh bien ! je dis que si le crédit public était CONSOLIDÉ *par l'impôt*, par l'intervention régulière, continue de l'Etat, de l'Etat qui est certes assez naturellement *favorable* à ce crédit la propriété sur l'Etat, et cela doit être, deviendrait la plus stable de toutes.

Et maintenant que nous venons d'examiner la mesure par rapport au crédit futur et aux créanciers actuels; de prouver qu'elle est beaucoup plus favorable au crédit futur que vos systèmes révolutionnaires en finance; bien plus favorable aux créanciers actuels, non pas seulement que le remboursement, mais que l'état même où vous les placeriez encore que, reculant cette année devant la mesure, vous ne leur en laisseriez que la crainte; maintenant deux mots suffisent pour prouver combien le système que je propose est favorable au Gouvernement.

En effet, Messieurs, dans ce système, qu'aurait à faire le Gouvernement? Aurait-il sur les bras cette conversion qui lui répugne, cette terrible conversion qui l'épouvante? Faudrait-il qu'il se mît à la torture pour trouver des fonds? qu'il ouvrît, toutes grandes, les caisses du trésor au remboursement ? qu'il mécontentât gravement les rentiers pour un bénéfice si faible d'ailleurs sur la tête de chaque contribuable, qu'aucun contribuable, fût-il mendiant (car par l'impôt indirect le mendiant est contribuable), ne saurait s'en appercevoir ? qu'il se sentît sur les charbons ardents à deux pas desquels vous l'avez trainé ? qu'il eût à parer aux désastres des industries et du commerce dont je vous ai indiqué la possibilité (sans vouloir toutefois les exagérer et faire croire que la conversion tuerait notre commerce et notre industrie) ? Eh! non. Le Gouvernement aurait à faire retenir tout simplement, par ses payeurs, les 5, 10 ou 15 centimes de l'impôt que vous auriez voté, sur chaque pièce de 5 francs que ces payeurs livrent annuellement aux propriétaires de la rente.

La chose ne serait pas bien difficile et ne dépasserait certes pas les forces du ministère. Je ne pense pas que ce serait là une raison qui vous la fît trouver mauvaise.

Ainsi point de déclassement, point de remboursement, point de perturbation! plus de fictions d'ailleurs, plus de niaiserie sur le crédit, plus d'embarras, plus d'obscurité dans les discours désormais dépouillés de chiffres, de vos profonds financiers; discours si savants que plusieurs d'entre vous, Messieurs, m'ont avoué franchement qu'ils y voyaient passer tant de millions et de milliards

qu'ils finissaient par n'y plus voir que du feu... Plus
rien de tout cela, Messieurs : le Gouvernement est
content, les rentiers le sont autant qu'ils peuvent
l'être, et vous-mêmes, libres du pénible et doulou-
reux cauchemar que vous font les 3 p. o/o, les 5,
les 3 1/2, les 4 1/2, les millions, les milliards et le
feu dont je parlais, vous vous réveillez légers, heureux et fiers, dans votre souveraineté que vous
avez retrouvée pleine, entière et resplendissante.

On ne veut pas imposer la rente!... mais c'est
précisément la matière imposable par excellence,
le beau idéal de l'impôt! C'est l'impôt qui s'établit
d'une manière *mathématiquement proportion-
nelle* au revenu! C'est l'impôt qui ne coûte rien à
l'État pour sa perception! Imaginez un moyen
d'imposer de la même manière les autres propriétés, les autres industries; remplacez la perception si ruineuse de tous vos impôts directs et in-
directs, par une perception aussi juste, aussi peu
vexatoire, aussi peu coûteuse! aussi peu coûteuse,
entendez-vous, Messieurs; et alors vous aurez ré-
solu le problème d'une économie bien autre que
celle de vos vingt malheureux millions de rente :
Vous aurez, en effet, économisé 100 ou 200 millions, je ne sais plus le chiffre, en économisant vos
armées de percepteurs, de receveurs, de douaniers,
etc., et vous aurez gagné en outre 200 millions en
renvoyant tout ce personnel *improductif* au travail
productif des arts, des sciences, de l'agriculture, etc.

Le moyen de résoudre ce problème, je vous semblerais sans doute bien fou si je vous disais que je le sais : aussi ne vous le dirai-je pas, du moins pour aujourd'hui ; car voilà sans doute déjà bien suffisamment de choses nouvelles pour vous faire douter de la raison de celui qui a l'honneur de vous les écrire, — en supposant toutefois que vous lui fassiez l'honneur de les lire. — Les choses nouvelles font toujours douter de la raison de ceux qui les disent, et bien heureux encore sont-ils quand on ne fait que douter. Un tribunal a acquitté il y a 60 ou 70 ans, *comme fou*, un médecin qui avait par jalousie tué sa maîtresse : l'acquittement fut motivé sur le plaidoyer de l'avocat qui avait plaidé la folie en s'appuyant d'un mémoire trouvé dans les papiers du médecin, et où celui-ci développait la théorie physique du soleil, *telle qu'elle est acceptée aujourd'hui par tous les astronomes.* Assurez-vous du fait auprès de votre savant collègue, M. Arago ; c'est en suivant ses élégantes leçons d'astronomie que je l'ai appris. Et il vous en citerait au besoin une belle collection d'autres du même genre.

Mais revenons à notre rente et plus qu'un mot.

Quand la rente sera imposée, ce qui arrivera, soyez-en sûrs, l'action pondératrice et modératrice des Chambres et du Gouvernement, tendant à imposer plus quand la rente montera, à imposer moins quand elle baissera, la maintiendra dans des limites peu écartées, soit par cette influence directe, soit par l'influence morale qui résultera de l'exercice de cette action modératrice ; de telle sorte que cette cause s'ajoutant à toutes celles que nous avons signalées, le crédit constitué dans sa vérité, sera constitué dans sa plus grande solidité, dans sa plus parfaite régularité ; et de telle sorte encore que le *Jeu, resserré dans des limites étroites,* cessera d'être spoliateur, et deviendra ce qu'il doit, être, un élément *utile,* l'élément qui fournira toujours sur la place assez de capitaux pour que les propriétaires de rentes qui voudront sortir de la rente puissent toujours et facilement en sortir.

Voilà encore le remède à la fureur de l'agiotage et à ses essors immoraux ; voilà l'agiotage ramené à un rôle convenable, bon, heureux, et la démonstration de l'utilité du jeu dans le système de la rente régularisée par l'impôt. On peut ajouter ce résultat *nouveau* à tous les autres.

Il y aurait certainement, Messieurs, beaucoup de choses encore à dire, beaucoup d'indications à faire, beaucoup de développements à donner sur l'objet qui vous occupe. Par exemple, je n'ai rien dit sur l'amortissement, qui était aussi dans la loi, ce me semble, tout aussi bien que le principe de la *non-imposabilité* de la rente (pardonnez-moi de nouveau le barbarisme), et auquel vous avez déjà fait quelque peu brèche. Mais mon seul but a été d'attirer votre attention sur une manière d'envisager la réduction de la rente, qui me semble vraie, juste et féconde. Je désire ne m'être point abusé, et, dans ce cas, avoir suggéré à vos intelligences des vues dont, mieux que tous autres, vous saurez tirer parti si elles ont quelque valeur.

Je me résume.

§. XIII. Résumé général.

J'ai posé en principe.

1° Que le souverain est souverain, ne peut ni ne doit jamais cesser de l'être, et doit toujours pondérer dans la sphère souveraine de sa sagesse, les intérêts et les choses de la société.

2° Que les créanciers du gouvernement, aussi bien que le gouvernement, sont sujets du législateur qui est souverain.

J'en ai déduit : *que le législateur* a le *droit d'imposer la rente.*

Ensuite, j'ai posé en principe et je crois avoir démontré :

1° Que le crédit de l'État ne repose pas sur la forme d'un vain contrat, qui ne peut pas lier le législateur ; mais dans le sentiment de l'intérêt de l'État, de sa moralité et de son équité ; en un mot dans l'intelligence et dans les principes de la société et du souverain.

2° Que la réduction était l'impôt, mais un impôt brusque, violent, c'est-à-dire révolutionnaire.

3° Que l'impôt *avoué* et *progressif* devait, dans l'intérêt présent et futur de l'État, dans l'intérêt du crédit et des rentiers, être substitué au système de l'impôt brutal des *remboursements.*

Or, si le mot *souverain* est français et signifie bien *souverain ;*

Si le mot *crédit* est français et signifie bien *foi, confiance* (*credere*), je regarde la convenance de ma conclusion comme entièrement légitimée.

Il ne me reste plus, Messieurs, si quelques-uns
d'entre vous m'ont fait l'honneur de lire cette let-
tre (et je le sais par expérience, à la Chambre on
ne lit guère ces opuscules qui y abondent), il ne me
reste plus qu'à leur demander sincèrement pardon
des vivacités et des fautes de français que l'on com-
met trop facilement dans une rapide improvisa-
tion écrite; mais desquelles l'aspect toujours digne
et imposant de la Chambre, et je ne sais quelle
magie parlementaire, préservent miraculeusement,
comme on sait, tout homme, (souvent peccable
ailleurs), sitôt qu'il est assis, sur vos bancs, ou
qu'il parle à votre tribune. Et puis on doit pardon-
ner quelque chose à un *député non-réélu*, car, franchement, quelque peu qu'on ait l'air d'y tenir, une
non-réélection laisse toujours quelque chose au
fond du cœur....

J'ai l'honneur d'être,

Messieurs,

Votre très humble et très obéissant serviteur,
et ancien collègue,

Le Cte de ***.

IMPRIMERIE DE E. DUVERGER,
RUE DE VERNEUIL, N° 4.

9 782019 912802